Mein Leben als Hai

Loewe

ISBN 978-3-7855-7669-4
1. Auflage 2013
Titel der Originalausgabe: *Animal Diaries – Sharks*
Copyright © QED Publishing 2012
Alle Rechte vorbehalten.
Text von Steve Parker
Illustrationen von Peter David Scott/The Art Agency
Design: Dave Ball
Aus dem Englischen übersetzt von Tatjana Kröll
© für die deutschsprachige Ausgabe 2013 Loewe Verlag GmbH, Bindlach
Printed in China

Bildnachweise
Corbis Jeffrey Rotman S. 24, S. 27
Getty Reinhard Dirscherl S. 13
Nature S. 5
Shutterstock Grafica S. 11, John A. Anderson S. 12, Zacarias Pereira de Mata
S.18, Maksimilian S. 20; Hintergrundbilder: Gordan, David M. Scrader,
Luminis, Oleg Golovnev, Ana de Sousa, Valentin Agapov, Dementeva, Petr Jilek

www.loewe-verlag.de

Was für ein Charakterkopf!

Inhalt

Hallo Welt!	4
Dickkopf	6
Die Bucht	8
Schwimmübungen	10
Nachbarn	12
Grässlicher Lärm	14
Lauter Haie!	16
Der Sturm	18
Geglückte Flucht	20
Schulferien	22
Auf der Jagd	24
Die Koralleninsel	26
Weiße Gefahr	28
Die anderen über mich	30
Schwierige Wörter	31
Register	32

Hallo Welt!

Heute bin ich durch den Algengarten in die Untiefen geschwommen. Meine ersten Erinnerungen reichen zu diesem Ort zurück, denn da wurde ich geboren. Heute sah ich dort die neuen Babyhaie. Sie waren ganz so wie ich früher als Jungtier.

Weibchen stoßen die Männchen vor der Paarung an.

Das Männchen schlingt sich um das Weibchen.

Ich merkte schnell, dass Haie keine sonderlich liebevollen Eltern sind, wie die meisten Fische. Meine Geschwister und ich mussten ganz allein schwimmen, jagen und überleben lernen. Manche wurden von anderen Fischen und sogar anderen Haien gefressen.

Jedes Jungtier ist ca. 50 cm lang.

Aber ich habe überlebt und wachse schnell. Bald bin ich alt genug, um selbst Papa zu werden. Opa Hai hat mir alles darüber erzählt. Alle mögen Opa Hai, denn er weiß alles und ist trotzdem nett. Respekt!

Diese Eikapsel sieht komisch aus, oder?

Das Eigelb ernährt das Baby.

Mit den Ranken hält sich das Ei an Felsen oder Algen fest.

Opa sagt, dass nicht alle Haiarten Babys bekommen. Manche legen auch Eier in stabilen Hüllen, die sie dann auf den Meeresgrund legen. In dieser Hülle wächst das Ei dann zu einem Jungtier heran, indem es sich vom Eigelb ernährt. Irgendwann beißt es sich nach draußen durch und dann: Hallo Welt!

Jungtiere lernen schnell, ihre Schwanzflosse zum Schwimmen zu benutzen.

Dickkopf

Nun bin ich schon halb ausgewachsen und probiere neues Futter aus. Ich habe schon gelernt, flache Fische, wie Rochen, aufzuspüren. Sie liegen am Meeresgrund und sind kaum davon zu unterscheiden. Diese Tarnung nennt man Camouflage. Manchmal vergraben sie sich auch unter Sand und Steinen, aber dank meiner fabelhaften Sinne finde ich sie trotzdem!

Unsere flachen breiten Köpfe sind einzigartig!

Mein Maul ist besonders empfindlich.

Unsere Haut fühlt Strömungen und Temperaturunterschiede.

Meine Kopfform ist vielleicht komisch. Aber auch ziemlich praktisch! Mit meinen Augen kann ich nämlich mehr sehen als die meisten anderen Haie. Auch meine Nasenlöcher stehen weit auseinander, sodass ich sogar an den Seiten Gerüche wittern kann.

Manta, der Rochen, weiß, wovon ich rede – er hat auch einen merkwürdigen Kopf! Die paddelförmigen Kopfflossen befördern das Wasser in sein Maul. So ernährt er sich nämlich. Er filtert winzige Tiere, genannt Plankton, aus dem Wasser heraus.

Manta bewegt seine weiten Seitenflossen zum Schwimmen wie Flügel auf und ab.

Meine Nasenlöcher sind ganz außen.

Die winzigen Vertiefungen helfen mir beim Jagen.

Mantas Flossen transportieren Wasser in sein Maul.

Ich habe einen ganz besonderen Sinn. Opa nennt ihn den Elektrosinn. Mit kleinen Öffnungen an meinem Kopf kann ich elektrische Signale orten, die alle Lebewesen durch ihre Muskelbewegungen abgeben. So finde ich meine Beute sogar im Dunkeln!

Was ich heute gemacht habe:

1. mit Manta geschwommen
2. einen leckeren Fisch gefangen
3. noch mal mit Manta geschwommen
4. noch einen Fisch gefangen

Die Bucht

Ich wuchs mit meinen Geschwistern in einer ruhigen Bucht auf. Hier kenne ich all die felsigen Höhlen, versunkenen Schiffe und geheimnisvollen Orte. Wenn uns also größere Fische verfolgen, schwimme ich einfach davon und verstecke mich.

Die vorderen heißen Brustflossen.

Das ist unsere Schwanzflosse.

Als Jungtier konnte ich noch nicht so gut schwimmen. Mittlerweile kann ich aber ohne umzukippen wenden. Das klingt zwar leicht, aber acht Flossen gleichzeitig im Griff zu haben, ist gar nicht so einfach!

Die hinten an der Seite sind Beckenflossen.

In der Bucht gibt es Fische und Krustentiere als Nahrung. Wenn Makrelenschwärme vorbeiziehen, verputze ich gern ein paar kleine von ihnen. Babytintenfische und Kraken sind auch lecker, aber ein bisschen zu glitschig. Krabben und Garnelen sind ziemlich knusprig!

Glatter Hammerhai

Art Fisch – Hai

Länge bis zu 5 m

Gewicht bis zu 400 kg

Lebensraum tropische und subtropische Küstengebiete

Nahrung Fische (sogar Haie und Rochen), Kraken, Tintenfische, Schalentiere wie Krabben und Garnelen

Kennzeichen breiter Kopf in Form eines flachen Hammers, Augen und Nasenlöcher an den Außenseiten

Opa wurde in die Rückenflosse gebissen – aua!

Prima Versteck, so ein Schiffswrack

Mein Gebissabdruck!

Heute habe ich in meine Tagebuchseite gebissen und die Zähne gezählt. Ich habe ungefähr 30. Opa hat über 50. Cool, oder?

Schwimmübungen

Als ich noch ganz klein war, bin ich einmal zum tiefen Riff geschwommen. Ich fand es komisch, so viel Wasser um mich herum zu spüren. Dort war es auch viel kühler und ich wurde bald müde. Also kehrte ich zurück an die wärmeren Küstenstreifen.

Je stärker ich schlage, desto schneller werde ich.

Die meisten Haie müssen ständig in Bewegung bleiben, um nicht abzusinken.

Die Flosse am Po vergesse ich oft.

Beim Schwimmen nicht vergessen:

1. Schwanz seitlich bewegen

2. Kopf leicht anheben

3. zum Drehen Brustflossen kippen

4. zum Neigen Rückenflossen schräg halten

5. immer auf Gefahren achten (wie größere Haie und Boote)!

Heute werde ich zum Training ein bisschen ins Meer hinausschwimmen. Haifischflossen sind ganz schön unbeweglich ... Wir können sie nicht so einfach drehen und wenden wie manche Fische, die ihre feinen Flossen sogar wie einen Fächer ausbreiten und zusammenfalten.

Richtiger Gebrauch der Flossen

Beginne mit nur einer Flosse und finde heraus, welche Bewegung sie verursacht. Probier jede Flosse einzeln aus. Danach kannst du zwei auf einmal bewegen, dann drei usw.

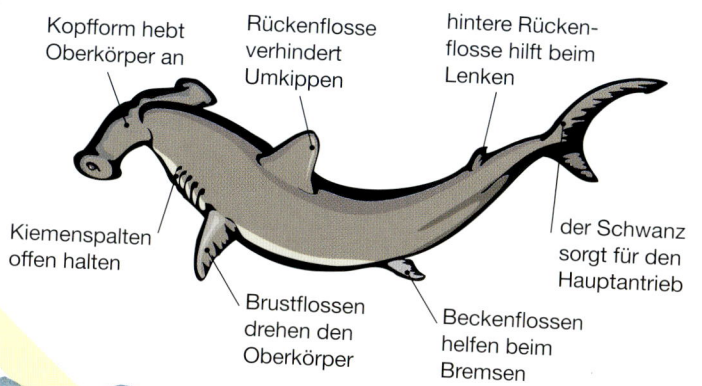

Kopfform hebt Oberkörper an

Rückenflosse verhindert Umkippen

hintere Rückenflosse hilft beim Lenken

Kiemenspalten offen halten

Brustflossen drehen den Oberkörper

Beckenflossen helfen beim Bremsen

der Schwanz sorgt für den Hauptantrieb

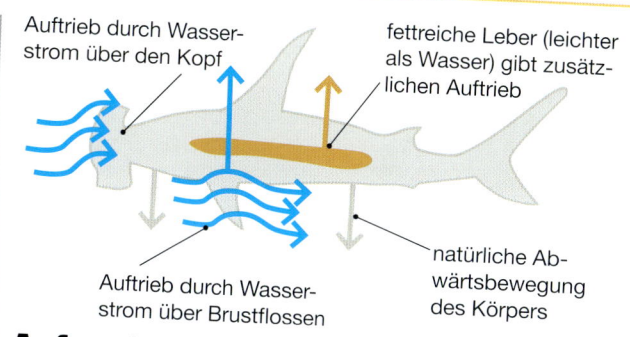

Auftrieb durch Wasserstrom über den Kopf

fettreiche Leber (leichter als Wasser) gibt zusätzlichen Auftrieb

Auftrieb durch Wasserstrom über Brustflossen

natürliche Abwärtsbewegung des Körpers

Auf und ab schwimmen

Als Hai verfügst du nicht wie andere Fische über eine Schwimmblase, die dir beim Auf- und Abschwimmen hilft. Aber du hast (als Teil deines Verdauungsapparates) eine ausgeprägte Leber, die mit winzigen Öltropfen gefüllt ist. Diese sind leichter als Wasser und helfen dir beim Aufsteigen.

Meine seitlichen Muskeln sind ganz schön kräftig.

Mein Hai-Handbuch ist mir eine große Hilfe. Es erklärt, wofür ich meine verschiedenen Flossen brauche und auch, wie meine merkwürdige Kopfform mir sogar dabei hilft, nicht abzusinken. Durch das Wasser, das über und unter meinem Kopf hinwegfließt, wird mein Oberkörper nach oben gedrückt, sodass ich nicht mit der Schnauze im Sand lande. Praktisch!

Mit den Brustflossen kann ich lenken.

Ohne diese Kopfform wäre das Schwimmen viel anstrengender.

Nachbarn

Als Hai ist man oft einsam. Ich unterhalte mich gern mit anderen Tieren, aber sie huschen meistens davon oder verstecken sich, wenn ich angeschwommen komme. Ich will sie ja gar nicht alle fressen. Nur ein paar, und auch nur ab und zu ...

Okto kann zwischen knallrot und grün wechseln

Auf ihren acht Beinen ist die Krabbe ganz schön schnell.

Der achtarmige Oktopus ist echt abgefahren. Er kann blitzschnell seine Form und Farbe verändern. Auch er wohnt im Karibischen Riff und jagt vor allem nachts. Ich hab ein paar seiner Freunde probiert, ziemlich zäh.

In unserem Riff gibt es eine ganze Menge knusprige Krebse. Als kleinen Imbiss gönne ich mir manchmal eine Blaukrabbe. Wenn ich sie von hinten erwische, kneift sie mich auch nicht in die Schnauze.

Diese harte Schale bekomme selbst ich nicht auf.

Es gibt auch Schnecken. Wie der Oktopus gehören sie zu den Mollusken oder Weichtieren. (Obwohl ihre Muschelhäuser überhaupt nicht weich sind.)

Da spitzen die Fühler heraus.

Big Mack ist der Größte aus dem Königsmakrelenschwarm. Er ist ein gefährlicher Räuber. Ich habe ihn beim Jagen von kleineren Fischen beobachtet und mir dabei einiges abgeschaut.

Wie die meisten anderen Seesterne hat auch dieser hier fünf Arme.

Wozu Seesterne gut sind, weiß ich echt nicht. Die haben kein Gehirn, keine richtigen Augen und sie sind soooo langsam! Aber Tausende von ihnen bevölkern das Riff. Zum Essen stülpen sie sich einfach über Schwämme, Korallen und kleine Wesen wie Würmer und Schalentiere.

Big Mack: Freund oder Feind?

1. Manchmal sind Königsmakrelen Freunde, denn sie treiben kleinere Fische in meine Richtung.

2. Königsmakrelen können auch Feinde sein, denn sie stehlen mir mein Futter.

3. Königsmakrelen sind Jäger wie ich. Die größeren Exemplare fressen sogar Babyhaie – dafür fresse ich kleine Makrelen!

Grässlicher Lärm

Boot-Rennen bedroht Buchtbewohner

Eine Überwasseraufnahme von unserer fliegenden Reporterin Alba Tross

Wichtige Nachricht für alle Meeresbewohner: Morgen ist wieder der gefährlichste Tag im Jahr für unsere Bucht. Schiffe in allen erdenklichen Formen und Größen werden uns mit ihrem entsetzlichen Lärm heimsuchen. Rechnen Sie mit lauten Motorbooten und ihren aufwühlenden Propellern, mit lautlosen Jachten und ihren langen scharfkantigen Schiffsrümpfen sowie Wasserskiläufern, die ständig ins Wasser fallen.

Alle Meeresbewohner werden gebeten, sich zu verstecken oder die Bucht für diesen Tag zu verlassen. Der Sicherheitsbeauftragte der Buchtwacht hat folgende Hinweise:

• Seesterne: Verstecken Sie sich unter dem nächsten Stein!

• Meeresschnecken: Ziehen Sie sich in Ihr Haus zurück!

• Krebse: Bedecken Sie sich mit Sand!

• Quallen: Sie sind hoffentlich unserem Rat gefolgt und schon letzte Woche losgeschwommen!

• Würmer und Schalentiere: Vergraben Sie sich im Schlamm!

• Kleine Fische: Suchen Sie nach Ritzen und Rissen in den Felsen!

• Große Fische und Haie: Schwimmen Sie hinaus in tiefere Gewässer!

Dieses Schnellboot macht fürchterlichen Lärm.

Die Wellen stören meine Sinne.

Jedes Jahr gibt es ein tödliches Ereignis in unserer Bucht. Boote rasen wie verrückt auf der Wasseroberfläche herum. Wieso? Keine Ahnung! Aber ich weiß, dass jedes Mal einige meiner Freunde verletzt oder sogar getötet werden. Dieses Jahr hat es die arme alte Manati erwischt.

Manati ist verletzt und kann kaum noch schwimmen. Ich greife sie nicht an, auch wenn sie blutet.

Druckwellen schubsen uns herum.

Karibik-Manati

Art Säugetiere – Rundschwanzseekuh

Länge bis zu 4 m

Gewicht bis zu 1,2 t

Lebensraum flache Küstengewässer, Lagunen und Flüsse

Nahrung Seegras und andere Pflanzen, auch kleinere Fische, Würmer und andere Kleintiere

Kennzeichen bewegliche Schnauze mit Tasthaaren, Vorderflossen und eine große abgerundete Schwanzflosse

Manati ist das friedliebendste Wesen, das ich kenne. Aber ein Motorboot hat sie mit seinem furchtbaren Propeller am Rücken erwischt. Wenn jemand blutet, wittern Haie das von Weitem und dann kommen sie und ... nun ja. Aber Manati haben wir einfach zu gern. Also haben wir sie in Ruhe gelassen und hoffen, dass sie durchkommt.

Lauter Haie!

Heute war vielleicht was los! Ein großer Schwarm Fische kam in unser Riff. Und immer, wenn so etwas passiert, taucht plötzlich ein Haufen anderer Haie auf. Wir zischen und schnappen durchs Wasser, bis es ganz aufgewühlt ist. Da müssen wir sogar aufpassen, dass wir uns nicht gegenseitig beißen! Gruselig!

Wallis Maul ist so riesig, dass sie sogar mich fast verschlucken könnte!

Bullys Augen sind ganz winzig.

Zu Bully, dem Bullenhai, passt sein Name so richtig! Er rammt kleinere Haie wie mich einfach aus dem Weg. Aber wenn ich erwachsen bin, werde ich sogar noch größer als er – dann zeig ich's ihm aber!

Die meisten Haie in der Gegend sind Karibische Riffhaie, wie mein Freund Crib. Er ist zwar nicht so groß wie wir Hammerhaie, aber ganz schön schnell.

Crib ist schlank und stromlinienförmig.

Walli gehört nicht nur zu den größten Haien, sondern er ist sogar der größte Fisch der Welt! Zum Glück greifen uns Walhaie nicht an. Sie ernähren sich wie Manta, indem sie kleine Lebewesen aus dem Meerwasser filtern.

Pilotfische begleiten uns oft.

Walhai

Art Fisch – Hai

Länge über 12 m

Gewicht bis zu 20 t

Lebensraum warme Meere und Ozeane

Nahrung kleine Tiere wie Schalentiere, Kraken, Jungfische, Plankton

Kennzeichen riesig, gigantisches Maul zum Wasseransaugen, Kiemen zum Herausfiltern des Futters

Tiger isst alles von der Qualle bis zur Schildkröte.

Seine Streifen verblassen mit der Zeit.

Tiger ist ein ziemlich hinterhältiger Hai. Er wirkt langsam und träge, aber dann greift er plötzlich mit voller Wucht an. Er heißt Tigerhai, weil er Streifen wie ein Tiger hat. Das sagt zumindest Opa Hai. Ich hab ja noch nie einen Tiger gesehen!

Der Sturm

HURRIKAN am Rocky Reef

Riesige Wellen zerstörten Teile unseres Riffs

Der gestrige Wirbelsturm richtete große Schäden am Rocky Reef an! Der Wind verursachte hohe Wellen, deren Gewalt Korallen und sogar Felsen zerschmetterte. Unser Reporter Barry Barracuda berichtet: „Wir zählen über 100 verletzte Fische, 200 verirrte Krabben und 250 obdachlose Krebse. Es wird 50 Jahre dauern, bis die Korallen nachgewachsen sind. Ein furchtbarer Anblick!"

Was für eine Nacht! Ein ohrenbetäubender Lärm hat unser Riff heimgesucht. Die Strömung war so stark, dass sie mich zu etwas, das man „Fluss" nennt, mitgerissen hat. Hier gibt es merkwürdige Wesen, von denen ich bisher nur gehört, die ich aber noch nie zuvor gesehen habe.

Mir gefällt der Fluss nicht – zu wenig Salz.

Die Lachse wollen ins offene Meer, um zu laichen.

Diese Fische nennen sich Lachse. Sie sehen lecker aus, aber sind viel zu hektisch. Sie können im Fluss und im Meer schwimmen!

Dieser Typ sieht echt fies aus. Al, der Alligator, kann das salzige Meerwasser nicht ausstehen. Der Sturm hat ihn aufs Meer hinausgetrieben und er ist so schnell er konnte wieder hierher zurückgeschwommen.

Al rudert mit den Beinen. Ich hätte auch gern Beine!

Habt ihr jemals so einen merkwürdigen Fisch gesehen wie Ratsch, den Sägefisch? Er ist ein Rochen und auch mit mir verwandt. Rochen und Haie haben ein Skelett aus Knorpelmasse, nicht aus Knochen, wie die meisten anderen Fische.

Wie eine Kettensäge!

Sägefisch

Art Fisch – Rochen

Länge bis zu 7 m

Gewicht 500 kg und mehr

Lebensraum warme Flüsse, Seen, Lagunen, Flussmündungen und seichte Küstengebiete des Atlantischen Ozeans

Nahrung Fisch, Krebse, Schalentiere, Würmer, Garnelen und andere Tiere

Kennzeichen lange flache, mit Zähnen besetzte Schnauze zum Aufwühlen von Schlamm und Sand bei der Futtersuche

Geglückte Flucht

Irgendwie kam ich vom Fluss wieder ins Meer, aber da wartete neues Unheil! Ein Schwarm gefährlicher Boote zerrte ihre fiesen Netze durchs Wasser. Hilflos musste ich zusehen, wie sich Delfin Dolly in einem Netz verhedderte.

Dollys scharfe Zähne können die Schnüre durchbeißen.

Ich halte mich möglichst fern von den Netzen.

Dolly sieht wie ein Fisch aus, hat aber warmes Blut und atmet Luft. Sie ist ein Säugetier. Wenn sie keine Luft bekommt, ertrinkt sie!

Wir hassen diese Mörderboote.

Aber nicht nur die Luftatmer ersticken in den Netzen. Auch viele Haie, denn wir müssen in Bewegung bleiben, damit Wasser durch unsere Kiemen spült und uns den lebensnotwendigen Sauerstoff bringt. Schwimmen = Sauerstoff = Leben.

Es wäre schrecklich, wenn Dolly gestorben wäre ... aber nun ja, ich hätte zumindest ein Festmahl gehabt! Doch sie schaffte es zum Glück, das Netz durchzubeißen und sich herauszuwinden. Gerade noch rechtzeitig kam sie an die Oberfläche, puh!

Ihre Flosse verhedderte sich.

Eigentlich wollen sie nur kleine Fische fangen.

Großer Tümmler

Art Säugetier – Cetacea (Wale und Delfine)

Länge bis zu 4 m

Gewicht 500 kg oder mehr

Lebensraum warme Meere und Ozeane

Nahrung Fisch, Kraken, Schalentiere, Krebse

Kennzeichen Atmungsloch am Kopf, Fluke (horizontale Schwanzflosse)

Es gibt immer mehr von diesen Fischerbooten. Sie fangen so ziemlich alle Tiere ein und lassen kaum noch Fische für uns Räuber übrig. Wie gemein, wir müssen doch auch was essen!

Schulferien

Der Sommer naht und bald wird es Zeit für unsere alljährliche Reise in die Kalte Zone. Um dahinzugelangen, müssen wir einige Wochen ziemlich weit schwimmen. Opa nennt das Wanderung, aber ich sage dazu Sommerferien. Schließlich reisen wir in großen Gruppen, genannt Schulen, und außerdem machen wir das im Sommer.

Im Hai-Handbuch steht alles Wichtige zu unserer Wanderung

Opa schwimmt voran.

Wir bleiben eng zusammen.

---

84 Hai-Handbuch: *Wanderungen*

Los geht's!
Hammerhai vs. Schildkröte

Hammerhaie ziehen schnell und in einer direkten Linie an ihr Ziel. Schildkröten schwimmen allein und weniger zielstrebig. Sie brauchen länger, werden aber auch viel älter. In ihrem Leben legt die Schildkröte also einen ungefähr zehnmal so weiten Weg zurück wie der Hammerhai.

	Hammerhai	Schildkröte
Strecke im Jahr	400–700 km	2.000 km
Durchschnittsgeschwindigkeit	4–6 km/h	3 km/h
Strecke insgesamt	15.000 km	150.000 km

Wir schwimmen nordwärts, die seichten Küsten zur Linken. Dabei sind wir sicher, denn niemand wagt, so eine riesige Gruppe Hammerhaie anzugreifen! In der Kalten Zone bleiben wir ein paar Monate und dann geht's wieder zurück zu unserer Bucht.

Manchmal schwimmen auch noch andere Tiere einen Teil des Weges mit uns, wie Shelly, die Suppenschildkröte. In der Kalten Zone ernähren wir uns vor allem von kleinen Makrelen, die gibt es dort zu Tausenden! Deswegen schwimmen wir auch dorthin.

Suppenschildkröte

Art Reptil – Schildkröte

Länge 1,5 m

Spannweite 2 m

Gewicht 250 kg

Lebensraum warme Meere und Ozeane

Nahrung Dinosaurier, Fisch, Vögel, Schildkröten

Kennzeichen harter Panzer, spitzes Maul, flossenförmige, schuppenbesetzte Extremitäten

Die jüngeren Haie folgen den älteren.

Shelly ist langsam, aber ausdauernd.

Auf der Jagd

Während der Reise kam ich kaum zum Essen. Ich habe so einen Hunger! Hey, ein Schwarm Makrelen, da greif ich doch gleich mal zu. Natürlich entschuldige ich mich vorher. Ich töte nicht gerne, aber ich muss ja irgendwas essen. Wenn wir aus der Kalten Zone wieder nach Hause kommen, ist unsere Wanderung für dieses Jahr vorbei.

Mein Hai-Handbuch erklärt, wie die Super-sinne funktionieren.

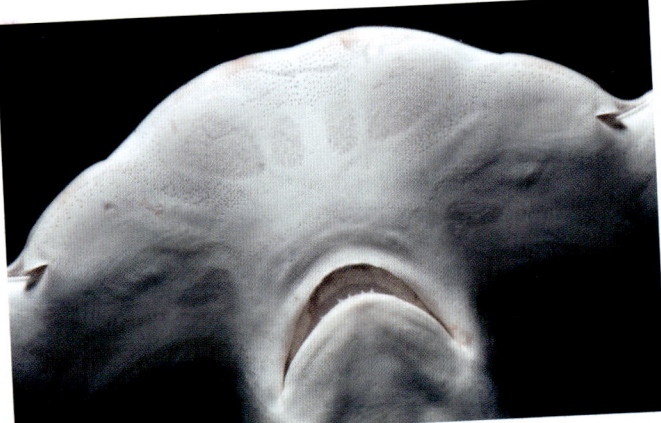

Wissenschaftler nennen unsere Sensoren „Lorenzinische Am-pullen". Wir haben Tausende davon. Sie funktionieren wie auch der Geruchs- und Tastsinn sogar im trüben Wasser und nachts. Damit können wir rund um die Uhr jagen!

Elektrosensoren

Auf dem Kopf jedes Hais befinden sich viele kleine Grübchen. Diese empfangen elektrische Impulse, die Muskeln anderer Tiere ins Wasser abgeben.

Anleitung:

1. Beim Jagen den Kopf knapp über dem Boden hin und her wenden.
2. Sobald ein Impuls ankommt, in die Richtung schwimmen, in der er stärker wird.
3. Zieh kleine Kreise, um die Quelle des Impulses genau aufzuspüren!
4. Sei bereit – dein Opfer könnte versuchen zu flüchten. Viel Erfolg!

Ein alter, langsamer Fisch ist genau die richtige Zwischenmahlzeit. Ich kann ihn sehen, riechen und seine Bewegungen spüren. Ganz plötzlich schieße ich herum und packe ihn. Sorry, kleiner Freund!

Die hier sind zu schnell für mich.

Mein Opfer – alt und langsam.

Die Schwertfischnase steckte mir eine Woche lang im Maul!

Mein letztes Festmahl war ein Schwertfisch. Die erwische ich schon richtig gut. Ich schwimme knapp über dem Meeresboden und wenn ich die elektrischen Signale ihrer Muskeln spüre, tauche ich kopfüber in den Sand und – bingo! Die scharfe gezackte Schnauze macht mir gar nichts aus und das Gift erst recht nicht!

25

Die Koralleninsel

Auf dem Rückweg von der Kalten Zone habe ich an einer Koralleninsel haltgemacht. An diesem bunten Riff bin ich früher schon mal vorbeigekommen. Irgendwie wirkt die Insel jetzt kleiner – ich bin wohl gewachsen!

Das Riff wirkt irgendwie nicht mehr so toll.

Queeny hat schon viel erlebt.

Queeny, ein Königin-Engelfisch, lebt schon seit 15 Jahren hier. Sie kennt sich mit den kleinen Korallentieren aus, die wie winzige Blumen aussehen und stechende Tentakeln haben.

Korallen wachsen wild durcheinander.

Auch Barry Barracuda macht hier gern Urlaub.

Queeny sagt, die Korallentiere, oder Polypen, bauen feste Häuser, um sich zu schützen. Wenn sie dann sterben, bauen andere auf ihre Häuser neue, und so entsteht nach vielen Jahren ein riesiges Riff.

Aber es gibt Probleme! Aus dem Fluss kommt furchtbar verschmutztes Wasser. Caro Krake sagt, dass es ihr die Kiemen verklebt und in den Augen brennt. Außerdem wird das Wasser zu warm und zu sauer, sodass die Korallen sterben. Bei meinem nächsten Besuch könnte die Insel schon weg sein!

Kranke, abgestorbene Korallen sind ganz bleich.

Die sind so hell, da bräuchte man eine Sonnenbrille!

Caro ist ein Karibischer Riffkalmar.

27

Weiße Gefahr

Heute Nachmittag kam ich bei der Futter-suche am Großen Brocken vorbei. Und ich stand auf dem Speiseplan! White hat mich beinahe angebissen! Aber das gehört für einen großen Star wohl dazu.

Kopf hoch und ab geht's!

Meine Muskeln mussten richtig arbeiten!

Turboantrieb

Großer Weißer Hai

Art Fisch – Hai

Länge 6 m, manchmal mehr

Gewicht über 1 t

Lebensraum kalte und warme Meere

Nahrung Beutetiere von Wal bis Robbe, Seevögel, Schildkröten und ver-schiedene Arten von Fisch und Kraken

Kennzeichen groß, messerscharfe Zähne, massive Kieferkraft, Schwanz-flossen sind alle ähnlich groß

Whites bester Angriff ist steil von unten, und dann beißt er zu wie ein Seelöwe. Die Beute stirbt schnell, und er kann sie ein-fach verputzen. Was für ein Superstar! Er war sogar schon oft im Fernsehen und im Kino. Und auf mehr Fotos, als ich an meinen Flossen abzählen kann!

Heute arbeitet White für ein menschliches Kamerateam, das zeigt, wie Weiße Haie beobachtet werden. Opa Hai sagt, er ist der größte Raubfisch der Welt. Also verdient er den ganzen Rummel wohl.

Komisches einäugiges Tier!

Der Käfig hängt an einem Seil. Menschen sind ganz schön feige!

Extra Zähne geputzt für den großen Auftritt.

Sonst jagt mir kein anderer Jäger Angst ein. Außer Bully und Tiger. Und Alexander, der Große Hammerhai, mein großer Cousin. Aber das sind alle. Ach ja, und Orka, der Killerwal, und ...

Die anderen über mich

In meinem Tagebuch erzähle ich euch von allen Tieren, die ich getroffen habe, und was ich über sie denke. Aber was denken sie über mich? Fragen wir mal nach ...

> Hammerhai ist schon ganz in Ordnung. Sein Kopf ist komisch und sein Maul ziemlich klein – aber es kann ja nicht jeder so fabelhaft aussehen wie ICH! "

Großer Weißer Hai

Schildkröte

> Ich komme nur selten vorbei, also höre ich nicht viel Klatsch. Der Hammerhai scheint nett zu sein, er hat noch nie versucht, mich zu beißen. Aber wenn, würde ich auch ziemlich fest zurückbeißen! "

> Mir ist Hammerkopf nur einmal nach dem Sturm begegnet. Sehr fürsorglich für einen Hai! Aber wenn einer der Lachse langsamer gewesen wäre, hätte er ihn bestimmt geschnappt. "

Sägefisch

Seekuh

> Die Beziehung zwischen Delfinen und Haien ist schwierig. Wir sind ähnlich groß und fressen dasselbe Futter. Und trotzdem sind wir total verschieden. Ich atme zum Beispiel Luft. Aber wenn ich ein Hai sein müsste, wäre ich sicher ein Hammerhai! "

> Hammerkopf hat mich nach dem Bootsunfall beschützt. Trotz des Bluts überall hielten sich die anderen Haie fern. Aber wir wissen ja, dass ein Hai schnell vom Freund zum Feind werden kann ... "

Delfin

Schwierige Wörter

Auftrieb Kraft, die einen Körper im Wasser in Richtung Oberfläche drückt.

Camouflage Tarnung durch Form und Farbe, die ein Tier mit der Umgebung optisch verschmelzen lässt und so vor Räubern schützt.

Elektrosensoren Empfindliche Körperteile, die elektrische Signale im Wasser orten können, die von anderen Tieren und deren Muskelbewegungen abgegeben werden.

Filtrierer Tiere, die ihre Nahrung durch das Herausfiltern kleiner Lebewesen und Pflanzenteilchen aus dem Wasser aufnehmen.

Knorpel Leichtes, robustes Gewebe. Stabil, aber flexibel. Es bildet das Skelett von Haien und anderen Fischen dieser Art.

Molluske Tier mit sehr beweglichem Körper, Tentakeln und bisweilen einer Schale. Zu den Mollusken gehören Kraken, Tintenfische, Schnecken, Austern, Miesmuscheln und Venusmuscheln.

Plankton Kleinstlebewesen, die im Wasser treiben und kaum aus eigener Kraft schwimmen. Die meisten sind zu klein, um mit bloßem Auge gesehen zu werden.

Rochen Nahe Verwandte der Haie mit flachem Körper und flügelförmigen Flossen an den Seiten.

Riff Lang gestreckte, felsige Erhebung unter oder knapp über der Wasseroberfläche. Korallenriffe werden von Millionen winziger Nesseltiere gebaut.

Sauerstoff Element, das beinahe alle Lebewesen zum Leben benötigen. Es ist in der Luft und auch im Wasser vorhanden.

Säugetier Ein warmblütiges Tier mit Fell oder Haaren, einem inneren Knochenskelett, das seine Jungen mit Muttermilch säugt.

Schule In der Natur ein Begriff für eine große Gruppe Fische oder anderer Wassertiere, die nahe zusammen und in dieselbe Richtung schwimmen. Geordneter als ein Schwarm.

Strömung Bewegung von großen Wassermassen, wie bei den Gezeiten oder dem Golfstrom.

> Also ich kümmere mich wirklich nicht um so lächerliche Kleinigkeiten wie Hammerhaie, Schätzchen. Kleine Tiere sind doch langweilig. Je größer desto besser!

Walhai

Register

Alligator 19
Atmung 20
Auftrieb 11, 31

Bullenhai 16

Camouflage 6, 31

Delfin 20, 21, 30

Eihülle 5
Elektrosensor 7, 24, 25, 31
Engelfisch 26

Filtrierer 7, 17
Fischernetz 20, 21
Flosse 7, 8, 9, 10, 11
Futter 6, 7, 9, 12, 17, 23, 24, 25, 28

Gefahr 10, 14–15, 18–21
Gift 25, 31
Glatter Hammerhai 9
Großer Weißer Hai 28–29, 30

Haut 6
Hurrikan 18

Jungtier 4, 5

Karibischer Riffhai 16
Knorpel 19, 31
Kopfform 6, 9, 11
Koralle 13, 18, 26–27
Krebs 9, 12, 14

Lachs 18
Lebensraum 9
Lorenzinische Ampullen 24

Makrele 9, 13, 23, 24
Manati 15, 30
Molluske 12, 31

Oktopus 9, 12

Paarung 4
Plankton 7, 31
Polypen 26, 27

Qualle 14

Räuber 13
Riff 13, 16, 18, 26–27, 31
Riffbewohner 27
Rochen 6, 7, 19, 25, 31

Sägefisch 19, 30
Sauerstoff 20, 31
Säugetier 20, 21, 31
Schalentier 9, 13, 31
Schiffe und Boote 9, 14–15, 20, 21
Schule 22, 31
Schwarm 9, 13, 16, 20, 24, 31
Schwimmen 8, 10, 11, 20
Seeschnecke 12
Seestern 13, 14
Sehsinn 6
Sinne 6–7
Strömung 18, 31
Suppenschildkröte 22, 23, 30

Tigerhai 17
Tintenfisch 9, 27

Verschmutzung 27

Walhai 17, 31
Wanderung 22–23, 24

Zähne 9, 29